Contents

SVOLME
さがしは
ホーム
at home

START YOUR IMPOSSIBLE

co-opd
313
MAEBASHI IKUEI
FOOTBALL CLUB

217
MAEBASHI IKUEI
FOOTBALL CLUB

つかんだ初優勝
決勝3度目悲願

第96回全国高校サッカー選手権最終日は1月8日、さいたま市の埼玉スタジアムで決勝を行い、本県代表の前橋育英が流通経大柏（千葉）に1―0で競り勝ち、4年連続21度目の出場で初優勝を果たした。選手権制覇は県勢初。今大会最多の16得点を挙げた持ち味の攻撃力と堅い守りで、悲願の頂点をつかんだ。

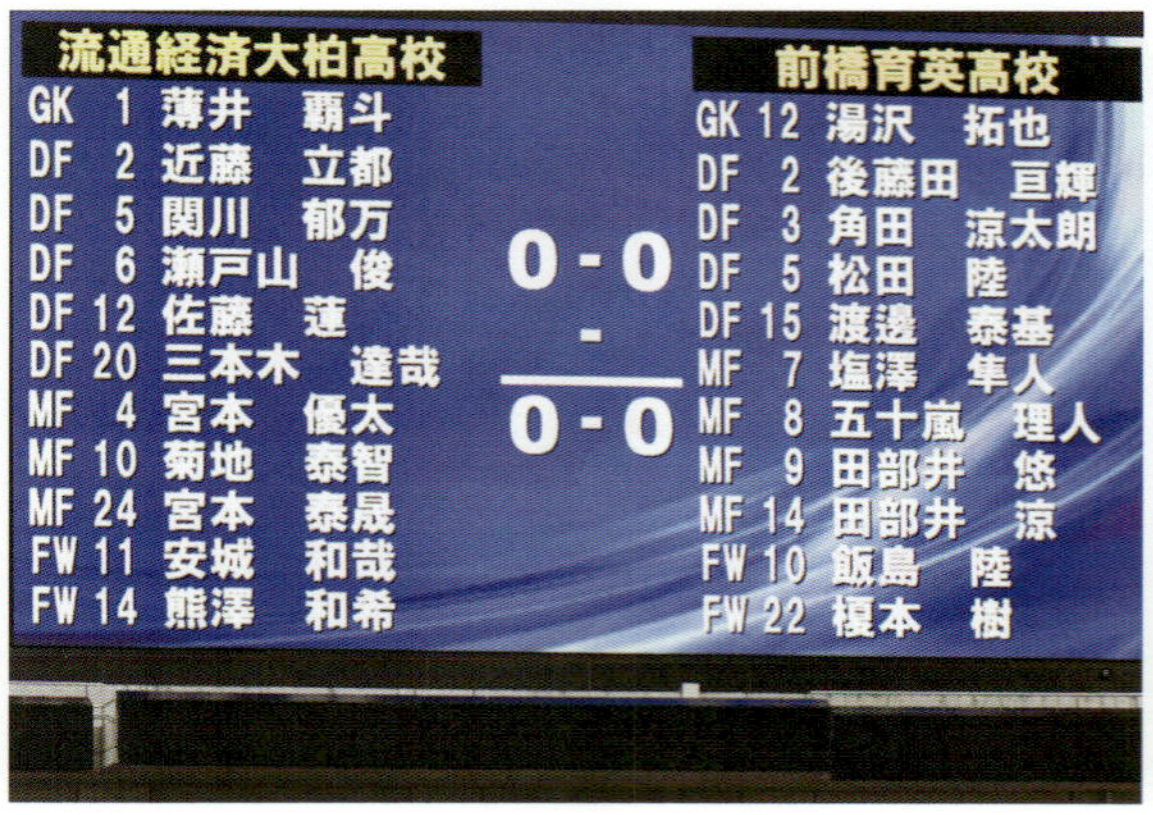
流通経済大柏高校
GK 1 薄井 覇斗
DF 2 近藤 立都
DF 5 関川 郁万
DF 6 瀬戸山 俊
DF 12 佐藤 蓮
DF 20 三本木 達哉
MF 4 宮本 優太
MF 10 菊地 泰智
MF 24 宮本 泰晟
FW 11 安城 和哉
FW 14 熊澤 和希
0-0
-
0-0
前橋育英高校
GK 12 湯沢 拓也
DF 2 後藤田 亘輝
DF 3 角田 涼太朗
DF 5 松田 陸
DF 15 渡邊 泰基
MF 7 塩澤 隼人
MF 8 五十嵐 理人
MF 9 田部井 悠
MF 14 田部井 涼
FW 10 飯島 陸
FW 22 榎本 樹

本日の公式入場者数
41,337人
ご来場ありがとうございます

決勝
流通経済大柏高校(千葉)
VS
前橋育英高校(群馬)

MAEBASHI IKUEI

メジャーシステム

GUNMA
育英
MAEBASHI IKUEI
12
22
10
8

決勝

1-0 流通経大柏 千葉県

1月8日　埼玉スタジアム

前橋育英 1 (0-0 / 1-0) 0 流通経大柏

得点者【前】榎本（前橋育英は初優勝）

【前橋育英】		【流通経大柏】
湯　沢	GK	薄　井
後藤田	DF	佐　藤
松　田	DF	関　川
角　田	DF	瀬戸山
渡　辺	DF	近藤立
塩　沢	MF	三本木
田部井涼	MF	宮本泰
田部井悠	MF	宮本優
五十嵐	MF	菊　地
飯　島	FW	安　城
榎　本	FW	熊　沢
12	SH	3
6	CK	1
10	FK	17

■ 交代

【前】宮崎（五十嵐）

【流】加藤蓮（熊沢）石川（宮本泰）池田（安城）金沢（佐藤）

昨夏の全国高校総体（インターハイ）を制した流通経大柏との決勝は、後半アディショナルタイムまで両チーム無得点の大接戦となった。

育英は前半の立ち上がりからMF田部井涼（3年）を軸に攻撃を組み立てたが、流通経大柏は長身DFを2人並べ、今大会得点王のFW飯島陸（同）にもマンマークを付けるなど、守備重視の布陣で対抗した。

育英が決定機に恵まれない中で、22分の相手カウンターをGK湯浅拓也（同）が大きく飛び出して防ぐなど、ひやりとする場面もあった。アディショナルタイムに飯島が強烈なミドルシュートを放ったがゴールポストをたたき、得点を奪えないまま折り返した。

後半も19分にMF五十嵐理人（同）がクロスバー直撃のシュートを放つなど、主導権を握りながら決めきれなかった。無得点のまま延長戦突入かと思われたアディショナル2分、飯島のシュートのこぼれ球をFW榎本樹（2年）が右足で蹴り込み、残り時間1分弱で劇的に勝負を決めた。

ゴール前の混戦からドリブルで持ち込みシュートを放つ飯島

at home

216
Ryukei

218

体を張ってゴールを守る育英イレブン

染まるスタンド

前橋育英イレブンに在校生やOBら3000人以上が大きな声援を送った。スタンドをチームカラーの黄色と黒に染め、大歓声でピッチの選手を後押しした。

タイガー色に

前橋育英は終盤の選手交代で攻撃パターンを変え、粘り強く守る流通経大柏を押し切った。前半は果敢に攻撃を仕掛けるも、キーマンのFW飯島を徹底したマンマークで抑え込まれたことが響いて、フィニッシュに持ち込めない場面が目立った。シュートも飯島の2本だけだった。

後半は、19分に投入したFW宮崎を前線に置き、飯島をやや下げた配置が奏功した。ほころんだ守備を突き、35分には立て続けにシュート3本を放つなど、計10本の猛攻を加え、アディショナルタイムでFW榎本がゴールを割った。

MAEBASHI IKUEI
IKUEI

前橋

全国高校サッカー
選手権大会
AEON

埼玉りそな銀行
テレ玉
T YOUR IMPOSSIBLE
賞状
前

45

群馬
21
19

FUJI XEROX
TEIJIN
DAKE JA NAI
START YOUR IMPOSSIBLE
住まいさがしは
アットホーム
at home
CHAMPIONS
賞状
表彰状

多彩な連係攻撃

準決勝

6-1

上田西
長野県

1月6日　埼玉スタジアム

前橋育英 6 （3-1 / 3-0） 1 上田西

得点者【前】松田、飯島2、五十嵐2、釣崎
【上】根本

【前橋育英】		【上田西】
湯　沢	GK	小　山
後藤田	DF	田　辺
松　田	DF	大久保
角　田	DF	金　井
渡　辺	DF	篠　原
秋　山	MF	宮　下
塩　沢	MF	岡　崎
田部井悠	MF	丸　山
五十嵐	MF	根　本
榎　本	FW	新　田
飯　島	FW	上　原
31	SH	1
9	CK	0
7	FK	13

■ 交代
【前】宮崎（榎本）高橋尚（秋山）若月（後藤田）釣崎（田部井悠）高橋和（五十嵐）
【上】田中悟（岡崎）田嶌（上原）石嶺（金井）大場（石嶺）島津（田中悟）

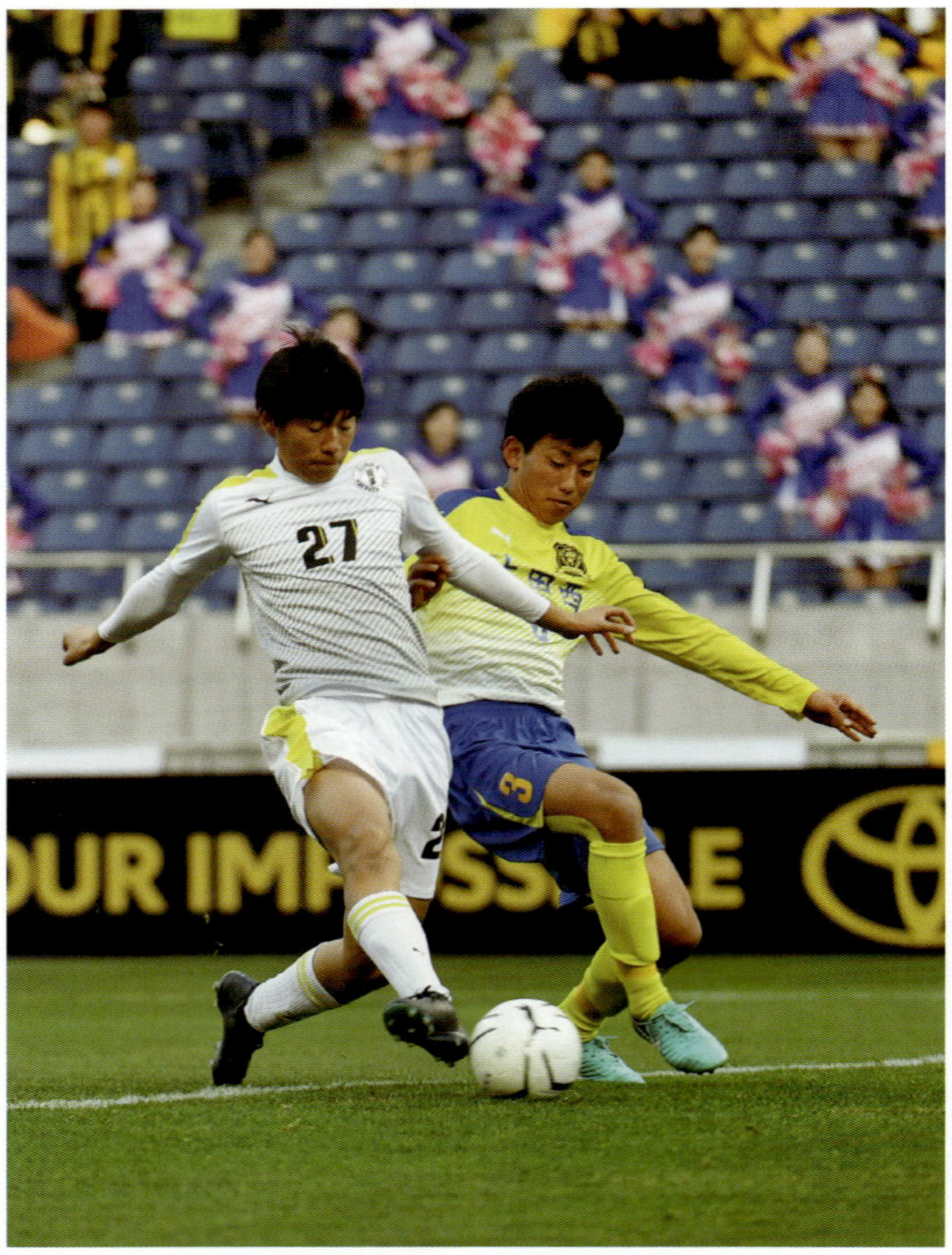

上田西（長野）の守備網を切り裂いた。大会初失点にも動じず、前後半に3点ずつを挙げて6−1で大勝、2年連続3度目の決勝進出を果たした。

長短のパスを正確につないで序盤からボールを支配した。相手陣内でのプレーが続き、前半24分、コーナーキックからJ1G大阪に内定しているDF松田陸が頭で合わせて先制。27分に得点ランキングトップのFW飯島陸が追加点を奪った。29分に今大会初失点を喫したものの、35分にMF五十嵐理人が3点目を決めてリードを広げた。

後半も攻撃の手を緩めずサイドからゴールに迫り、18分に五十嵐がダメ押しの4点目。41分に途中出場のFW宮崎鴻が頭でそらしたボールに飯島が反応して試合を決定づける5点目を挙げ、アディショナルタイムにも1点を加えた。今大会から5人に増えた交代枠を全て使い切り、圧倒的な内容で決勝に進んだ。

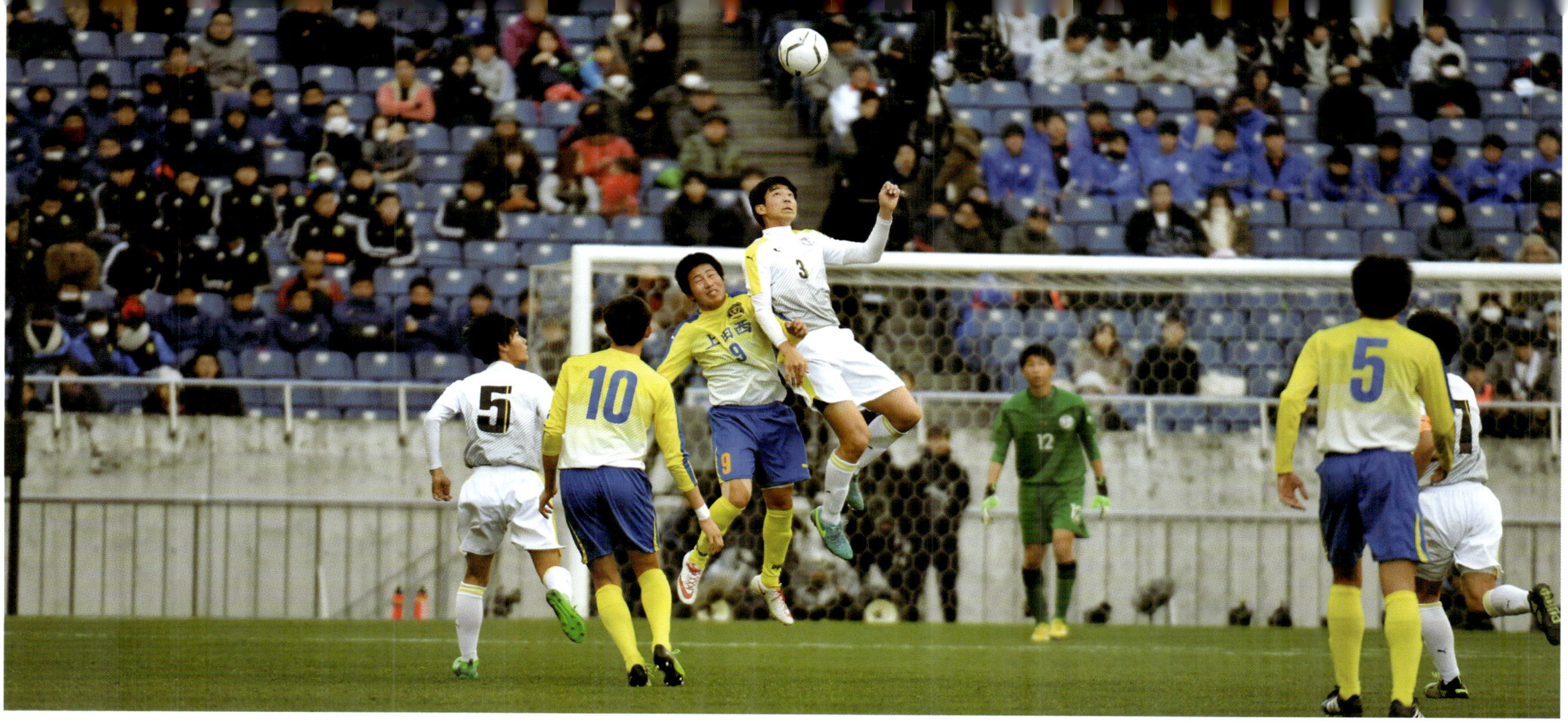

3点目・五十嵐（前半35分）

2点目・飯島（前半27分）

1点目・松田（前半24分）

6点目・釣崎（後半46分）

5点目・飯島（後半41分）

4点目・五十嵐（後半18分）

主将欠場 全員でカバー

準々決勝

米子北

鳥取県

3-0

1月5日　東京駒沢陸上競技場

前橋育英 3 （2-0 / 1-0） 0 米子北

得点者【前】角田、榎本、宮崎

【前橋育英】		【米子北】
湯　沢	ＧＫ	佐　藤
後藤田	ＤＦ	井　上
松　田	ＤＦ	宮　本
角　田	ＤＦ	三　原
渡　辺	ＤＦ	赤　嶺
塩　沢	ＭＦ	鍛治川
秋　山	ＭＦ	佐　野
田部井悠	ＭＦ	馬場琢
五十嵐	ＭＦ	坂　田
飯　島	ＦＷ	葉間田
榎　本	ＦＷ	城　市
12	ＳＨ	4
5	ＣＫ	1
10	ＦＫ	6

■ 交代

【前】高橋周（榎本）宮崎（五十嵐）室井（田部井悠）山崎舜（秋山）

【米】田中（赤嶺）高橋諒（城市）馬場隆（井上）岡田（坂田）

前橋育英は米子北（鳥取）に3－0で快勝し、2年連続で4強入りした。ボールの競り合いと拾い合いで相手を上回って序盤から試合を支配。前半に2点を決めて優位に立ち、後半は4選手を入れ替えて活性化を図り、1点を加えて完勝。無失点試合も3に伸ばした。

育英は3回戦で右脚を痛めた主将、MF田部井涼の代わりに2年生MF秋山裕紀をボランチに起用。両チームとも4－4－2の布陣で試合が始まった。前線からプレッシャーをかけてくる相手に対し、育英は長短のパスを使い分けてボールを保持し、主導権を握った。

試合が動いたのは前半21分、コーナーキックからDF角田涼太朗が決めて先制すると、同27分にゴール前で相手GKがはじいたボールをFW榎本樹が押し込んで2点目。後半は選手4人を入れ替え、28分に途中出場のFW宮崎鴻が左足を振り抜いて突き放した。

鉄壁の守備陣 我慢比べ制す

3回戦

富山第一
富山県

1-0

1月3日　神奈川 等々力陸上競技場

前橋育英 1 (0-0 / 1-0) 0 富山第一

得点者【前】飯島

【前橋育英】		【富山第一】
湯　沢	GK	吉　田
後藤田		高　浪
松　田	DF	松　本
角　田		滝　本
渡　辺		中　田
塩　沢		小森颯
田部井涼		多　賀
田部井悠	MF	前　田
五十嵐		高　縁
榎　本	FW	大　竹
飯　島		坪　井
8	SH	1
4	CK	2
15	FK	16

■ 交代

【前】高橋尚(五十嵐)宮崎(榎本)

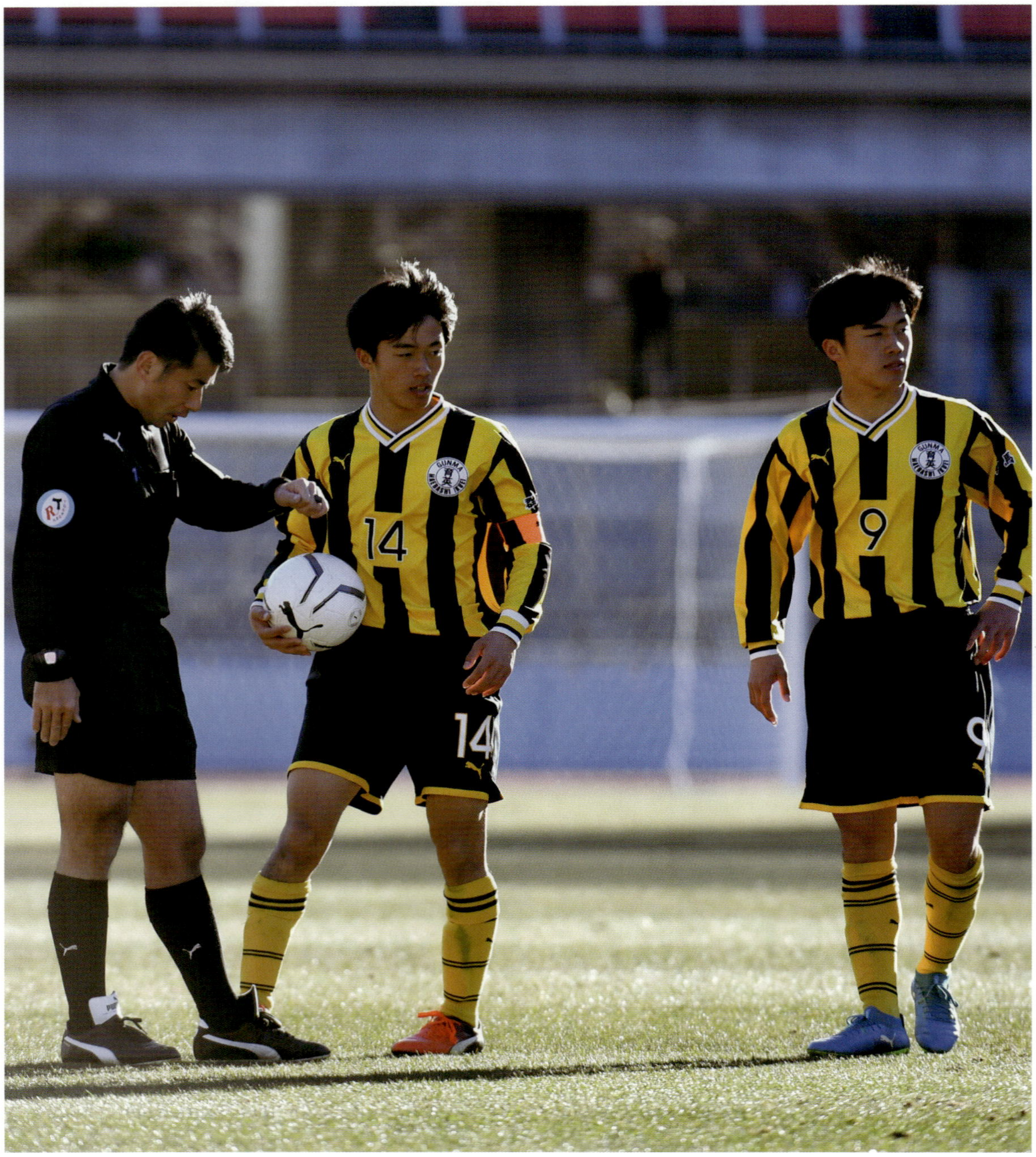

試合終了間際のゴールで富山第一を1－0で下し、4年連続で8強入りした。0－0の後半アディショナルタイムにMF塩沢隼人が放ったシュートのこぼれ球をFW飯島陸が蹴り込んだ。

前橋育英がFW飯島の千金弾で接戦を制した。育英は4－4－2の布陣から長短のパスを駆使してゴールに迫るが、5－3－2の富山第一の堅守を崩せず前半を0－0で折り返した。後半は攻勢を強めてDF渡辺のロングスローから好機をつくり、アディショナルタイムにMF塩沢が放ったシュートのこぼれ球を飯島が蹴り込んだ。

一瞬の気の緩みや判断ミスが命取りになるタフな試合だった。「何度もゴールに迫る前橋育英の攻撃陣」対「富山第一の5バック」という構図の他に繰り広げられた「育英の最終ライン」対「富山第一の2トップ」。集中力を切らさず我慢比べを制した守備陣は、試合終了のホイッスルが鳴るとピッチに倒れ込んだ。

大勝発進 飯島圧巻4発

2回戦

初芝橋本 和歌山県

5-0

1月2日　神奈川 ニッパツ三ツ沢球技場

前橋育英 5 （1-0 / 4-0） 0 初芝橋本

得点者【前】飯島4、宮崎

【前橋育英】		【初芝橋本】
湯沢	GK	浜田
後藤田、松田、角田、渡辺	DF	大塚、上原、北浦、高見
田部井涼、塩沢、田部井悠、五十嵐	MF	家本、安福、西川、西渕
飯島、榎本	FW	細川、岡村
18	SH	2
7	CK	2
11	FK	13

■ 交代

【前】宮崎（榎本）高橋尚（五十嵐）高橋周（飯島）若月（後藤田）松本（湯沢）

【初】大谷（高見）高谷（岡村）中井（細川）甲斐（安福）

4年連続21度目の出場、前橋育英は初芝橋本（和歌山）に空中戦や球際で競り勝ってボールを保持し、厚みのある攻撃を展開し、5―0で圧勝。昨年逃した頂点へ、絶好のスタートを切った。

両チームとも4―4―2の布陣でキックオフ。育英は前線から積極的にボールを奪いにくる相手をパスで冷静にかわし、前半16分、MF五十嵐理人の浮かせたパスに飯島が右足を振り抜き、先制した。

前半を1―0で折り返すと、後半4分に再び飯島がゴールを決めて勢いに乗った。14、28分も飯島が、35分には途中出場のFW宮崎鴻が5点目を奪い、突き放した。守備は相手をシュート2本に封じ込めた。

「感動ありがとう」優勝報告会

田部井涼 主将

山田耕介 監督・校長

中村有三 学園長

第96回全国高校サッカー選手権で初優勝を飾った前橋育英の選手が12日、前橋市の同校体育館で優勝報告会を行った。全校生徒約1700人と教職員や保護者らを前に、喜びと応援への感謝を伝えた。

決勝のスタンドでエールを送ったダンス部の先導で選手は優勝旗を手にした田部井涼主将を先頭に、金メダルを首にかけて入場。吹奏楽部の演奏と大きな拍手が出迎えた。中村有三学園長は「3度目の決勝進出で悲願を達成してくれた。感動をありがとう」と選手らをたたえた。

山田耕介監督は校長の立場から「昨年の敗北から1年間、自分を信じやり続けてきて優勝できた。みんなにもやり続けられることが必ずある」と生徒に呼び掛けた。田部井主将は「寒い中、本当に熱い応援をありがとうございました」と感謝の言葉を述べた。

決勝戦は自宅で応援していたという3年生の春日茉由さんは「榎本（樹）君のゴールが入って、涙が出た。身近な人が活躍してくれて、自分も頑張らないといけない」と話していた。

喜びに沸くイレブン

コーチ
白石　敦志

コーチ
北村　仁

コーチ
桜井　勉

GM
林　昭男

部長
戸塚　浩美

監督
山田　耕介

トレーナー
林　大輔

フィジカルコーチ
新井　宏隆

GKコーチ
山口　晋嗣

コーチ
湯浅　英明

コーチ
中島　和哉

コーチ
宮本　允輝

写真提供：有限会社イワモト

6 DF 山崎　舜介　3年
チームが同じ方向を向けた結果の優勝。この優勝は一生もの。

5 DF 松田　陸　3年
去年の悔しさを味わい、乗り越えるために1年やってきたので、優勝はうれしい。

4 DF 加賀谷　匠　3年
多くの支えがあって、幼い頃からの目標を達成できた。仲間は一生の友。

3 DF 角田　涼太朗　3年
今年は優勝できると思ってやってきた。前橋育英の歴史を変えたという意味でうれしい。

2 DF 後藤田　亘輝　3年
仲間は一生の宝物。サッカー人生は続くので、プロを目指す。

1 GK 松本　瞬　3年
少ししか出場できなかったが、みんなと少しでも長くサッカーができてうれしい。

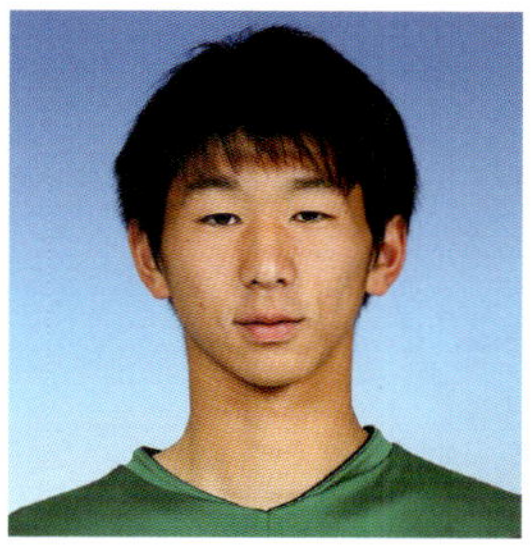

12 GK 湯沢　拓也　3年
決勝までは考え過ぎてしまっていた。最後は無心で1年間積み重ねてきたことを出せた。

11 FW 室井　彗佑　2年
出場機会があまりなくてうれしさ半分、悔しさ半分。チームの良さを継続する。

10 FW 飯島　陸　3年
仲間の応援に力をもらい、得点王も取れ、本当にうれしい。ありがとうと言いたい。

9 MF 田部井　悠　3年
うれし涙を流せて良かった。個人としては得点できなかった。今後の課題にしたい。

8 MF 五十嵐　理人　3年
準決勝で2点取れて、日本一になれてうれしい。山田監督を日本一にできて良かった。

7 MF 塩沢　隼人　3年
仲間と苦しさを越えられた。家族や指導者にも感謝。育英に来て良かった。

18 MF 細田　海斗　3年
みんなの力でとれた日本一。優勝の瞬間は言葉に表せない最高の気分だった。

17 DF 山崎　広大　3年
人生で初の日本一。とてもうれしい。もっと成長してプロ選手になれるよう頑張る。

16 DF 若月　輝　2年
楽しい大会だった。決勝の雰囲気を味わい、先輩の姿を見た経験を今後に生かしていく。

15 DF 渡辺　泰基　3年
中盤選手が積極的に球を拾ってくれたおかげ。メンバーは一生の仲間、感謝している。

14 MF 田部井　涼　3年
日本一はうれしいが、このメンバーでサッカーができないのは寂しい。感謝している。

13 FW 宮崎　鴻　3年
3年間で多くの人の支えを実感した。学んだことを新しい環境でも生かしたい。

24 FW 高橋　尚紀　2年
FW陣が切磋琢磨《せっさたくま》していけばもっと強くなれる。来年は得点して勝利に貢献したい。

23 MF 秋山　裕紀　2年
常に出られるように準備。緊張もだんだんとなくなり、自分のプレーで貢献できた。

22 FW 榎本　樹　2年
得点の瞬間はうれしくてよく覚えていない。先輩にサッカーで恩返しでき良かった。

21 GK 大沢　久人　3年
日本一だけを目指した3年間。優勝は最高の瞬間だった。後輩が連覇してくれるはず。

20 FW 高田　光輝　3年
試合に出れない悔しさもあったが、優勝できてうれしかった。

19 MF 高橋　周　3年
いいメンバーとスタッフとサッカーに本音でぶつかった。これ以上、充実した3年間はない。

30 MF 岡本　悠作　2年
優勝がうれしくてピッチに入って喜んだ。けがが多かったがメンバーになれ良かった。

29 MF 近藤　友喜　2年
いい経験ができた。これからも連覇を目指して練習していきたい。

28 DF 中村　太一　3年
3年間ずっと、優勝を目指してやってきた。夢がかなってうれしい。

27 MF 釣崎　椋介　3年
どこより力のあるチーム。つらい思いもしたが、準決勝での得点は一生の思い出。

26 MF 高橋　和輝　3年
祝福され実感が湧いた。Cチームからはい上がり、埼スタのピッチに立てて良かった。

25 MF 森田　泰虎　3年
目標、夢だった日本一がかなえられてうれしい。仲間の思いを大事にプレーした。

全国への軌跡
群馬県大会の記録

第96回全国高校サッカー選手権の代表校を決める県大会は8月26日から、正田醤油スタジアム群馬を中心に行われた。県大会には61校が出場、インターハイ予選8強のシード校を除く53校が8ブロックに分かれ、トーナメント形式で各ブロックの1位を決めた。

10月14日からは決勝トーナメントが行われ、シード校に1次予選を突破した8校を加えた16校で争い、頂点に立った1校だけが手にできる全国切符を懸け、熱戦を繰り広げた。

県大会決勝トーナメント抽選

頂点へ16校闘志

高校サッカーの第96回全国選手権県大会決勝トーナメントの組み合わせ抽選会が9月26日、前橋市の群馬テレビで行われ、16校の対戦相手が決まった。

決勝トーナメントはインターハイ県予選8強をシード校に、1次予選を突破した8強を加えた16校で争う。抽選は最初に県予選4強を割り振り、同8強、1次予選突破校の順に行った。

優勝候補筆頭は第1シードで前回の全国選手権準優勝の前橋育英。インターハイでは選手権決勝で敗れた青森山田に3—1で雪辱を果たし、3位入賞を果たした。Jユースらが集う関東プリンスリーグでも10チームの中で現在3位。全国選手権準優勝した選手も残り、田部井涼主将は「(準優勝の)悔しさを知っているメンバーも多い。パスサッカーを磨き、まずは県予選を勝ち抜きたい」と日本一を目指す。

群馬県大会
1回戦

伊勢崎商業

10月14日 健大高崎高グラウンド

3-0

前橋育英 3 (2-0 / 1-0) 0 伊勢崎商業

得点者【前】榎本、高橋尚、宮崎

前半2点 主導権握る

「5バックでくると思ったが3バックだった。強かったです」。前橋育英の山田耕介監督はまず相手をたたえた。引かずに攻め寄せる伊勢崎商に育英も全力で臨み、切り替えの速さと1対1の勝負で上回った。

前半の2点で主導権を握った。前半15分、コーナーキックから相手の速攻を受けたが、中盤まで下がっていたFW高橋尚紀が競り合いを制して右サイドに展開。DF若月輝のクロスをFW榎本樹が決め、同32分には高橋が右足で合わせた。

やや動きに硬さもあったが、下馬評通りの高い実力を示した。MF田部井涼主将は「無失点は良かった。集中していきたい」と気を引き締めた。

カバリング攻守で徹底

群馬県大会
準々決勝
高崎高校
10月21日 県営サッカー場

2-0

前橋育英 2 (1-0 / 1-0) 0 高崎高校
得点者【前】榎本、飯島

前橋育英は高崎を2―0で下した。相手の圧力もなんのその。前橋育英はDF後藤田亘輝が「雨なのでカバリングを徹底した」と話したように、攻守でボールへの寄せを速くして主導権を握り、前後半に1点ずつを挙げた。

高崎はインターハイ予選時の5バックではなく4―2―3―1の布陣で序盤からエンジン全開。それでも育英イレブンは「後半に入れば足が止まるので前半は0―0でもいいと監督に言われていた」と動じなかった。

我慢の展開が続いていた前半34分、FW高橋尚紀がペナルティーエリア内で競り、こぼれ球をFW榎本樹が右足で押し込んで先制。後半22分にはFKをFW飯島陸が頭で合わせた。

好機逃さず一気に

群馬県大会
準決勝
前橋商業
11月19日 県営サッカー場

4-0

前橋育英 4 (1-0 / 3-0) 0 前橋商業
得点者【育】飯島、榎本2、五十嵐

前橋育英は前商を4―0で下した。

前橋育英は立ち上がり、前線にパスを入れても守備ラインを低く設定した前橋商にはね返された。予想を上回る守備重視の布陣。それでも選手たちに慌てる様子はなく、MF田部井涼主将は「15分くらいで修正してポゼッションの位置を1列上げた」。ピッチの幅を使ってボールを動かし、静かにチャンスを待った。

すると前半38分だった。サイドチェンジのボールを受けたDF渡辺泰基が持ち前のスピードでドリブル突破を図り、スローインを獲得。「勝つためには必要」と2年前から磨いてきたロングスローを、左サイドからペナルティーエリア内に放り込んだ。

「(長身FWの榎本)樹がそらしてくれると思っていたので、こぼれ球を狙っていた」と今大会初先発したFW飯島陸。混戦の中で一度後ろに下がって動き直すと、ボールが狙い通り足元に舞い込み、GKの位置をしっかりと確認して右足で押し込んだ。

後半2分には右CKを榎本が頭で合わせて相手の出はなをくじき、その後も攻撃の手を緩めることなく2点を追加した。耐えるときは耐え、畳み掛けるときは一気にと、まさに"横綱相撲"を展開したイレブンだが、異口同音に「セットプレーだけでなく流れの中から得点しないと」。慢心はみじんも感じられない。

鉄壁の守りV4

群馬県大会
決　勝

前橋育英 1-0 桐生第一

11月23日 正田醤油スタジアム群馬

前橋育英 1 (0-0 / 1-0) 0 桐生第一

得点者【前】田部井悠

前橋育英が1—0で桐生第一を下し、今大会無失点で全国切符をつかんだ。一進一退の攻防が続いたが、試合終了間際の後半40分にMF田部井悠がゴールを決め、4年連続21度目の優勝を飾った。

両チームとも4—4—2の布陣で試合開始。前橋育英は前半3分にゴールネットを揺らしたが、ファウルの判定で無効に。スペースがない中でFW飯島らが裏に抜け出して好機をつくり、後半40分にMF田部井悠が決勝点を挙げた。

桐生第一はMF青木が最前線に入るDF金子にパスし、FW高橋やFW田中宏がゴールに迫った。後半、MF村木のパスでつくった決定機はGKに阻まれた。

不撓不屈

名門校の強さに迫る

サッカーの第96回全国高校選手権で前橋育英が4093校の頂点に立ち、県勢悲願の初優勝を果たした。同校にとって21度目の選手権挑戦で、これまで優勝候補に名前を挙げられながらも準優勝2回、ベスト4が4回とあと一歩届かなかった。前回決勝で喫した大敗を出発点とするチームが、不《ふ》撓《とう》不屈の精神で栄冠をつかむまでの1年間の軌跡を中心に、名門校の強さに迫る。

前回大会決勝で0−5の屈辱を味わった角田と松田（右奥）。2人は新チームでも守備の要となった

原点 大敗が生んだ自覚

前回大会の悪夢

練習グラウンドの横にあるクラブハウスの玄関を開けると、準優勝した前回の写真が飾られている。選手が毎日ミーティングに臨むとき、必ず目に入る。当然、あの悪夢もよみがえる。「0―5は強烈だった。練習試合でもあんな負けはない。あれから強くなった」。選手権優勝インタビューで山田耕介監督が話したように、悲願の初優勝を成し遂げたチームの原点は、前回大会の決勝にある。

5試合を戦い、無失点のまま臨んだ決勝の相手は初優勝を狙う青森山田。高円宮杯U―18（18歳以下）チャンピオンシップを制し、Jリーグの下部組織を含めて世代最強だった。前半は育英がボールを支配してゴールに迫ったが好機を決めきれず、逆に23分に失点。0―2で折り返し、後半は3点を奪われた。シュート数は9対8で育英が上回っていた。

2年生ながら10番を背負ったエースのFW飯島陸はシュート0本のまま後半29分にベンチに下がると、大粒の涙を流した。右サイドハーフで先発出場した同じ2年生のMF田部井悠は「頭が真っ白になった。今まで積み重ねてきたものが崩れ落ちた」。表彰エリアで沸く青森山田の選手たちの姿を、ピッチから目にしっかりと焼き付けた。

「5原則」を明確化

決勝を戦った7人ら主力が多く残る新チームは、5日後に開幕した県新人大会に臨み、全5試合で20得点無失点という圧巻の内容で制した。だが、2月末の「ジャパンユースプーマスーパーリーグ」で清水エスパルスユースに1―6で大敗。「集中力を欠けば勝てない。自分たちは決して強くない」（飯島）と思い知らされた。

この試合で痛感したのが①球際②ハードワーク③攻守の切り替え④声⑤競り合い・拾い合い―の「5原則」の重要さだった。相手は初戦、育英は2戦目で疲労がたまっていたこともあって5原則で後れを取った。

前チームからのテーマでもあったが、MF田部井涼主将とMF塩沢隼人が中心となって明確化。紙に書いてプリントし、各選手がサッカーノートに貼ったり、ファイルに挟んだりして常に心掛けた。

4月に開幕したプリンスリーグ関東で順調に白星を重ねていたが、夏のインターハイで戦術の見直しを余儀なくされることになる。

不撓不屈 苦悩

パスワークに活路

単調な攻撃

昨年7月末、高円宮杯U―18(18歳以下)プリンスリーグ関東の前半戦を2位で終えた前橋育英は「夏の現在地」を確認するため、インターハイ会場の宮城県へ乗り込んだ。

1月の全国高校選手権決勝で敗れた青森山田と3回戦で激突。あの日以来、山田耕介監督は選手が練習に集中していないと「だから青森山田に負けるんだ」と尻をたたいてきた。「忘れたことはないが言われるたびに悔しかった」とMF田部井涼主将。CKから得点し3―1で逆転勝ちした。

冬のリベンジを果たしたものの、準決勝で流通経大柏(千葉)に敗れた。それまで5得点のFW榎本樹がU―17日本代表のDF関川郁万にマンマークされ、ボールが収まらないにもかかわらずチームはロングボールを多用。「相手の圧力を怖がってパスをつなげなかった」(MF塩沢隼人)と単調な攻撃に終始した。

榎本の他に身長185センチ、体重80キロのFW宮崎鴻もおり、大抵の相手には競り勝つことができた。パスをつなぐとカウンターを受ける危険も高まるため、ボールを持ったら前線に蹴るスタイルになるのは自然の流れだった。だが、球際が強力なライバルに戦術の限界を思い知らされ、パスワーク重視に切り替えた。

基本を徹底追求

すぐに連係がうまくいくものではない。インターハイ後のプリンス関東は1勝1分け2敗。結果が出ない焦りからロングボール主体に戻そうという意見も出た。ピッチの内外問わず、何度も選手同士で話し合った。田部井主将は「みんなの勝ちたい気持ちが伝わってきた。この時期が一番つらかった」。もともと技術が高い選手の集まり。「もっとできるだろ」。信じている仲間だからこそ、厳しく言い続けた。

15分間のボールワーク練習で、より集中力を高め、ファーストタッチやパススピード、パスを受ける前後の動きなど、基本を徹底的に追求。90分間を走り抜く体力を養うため、週1回の10キロランニングではトップチームの全選手が1キロ3分40秒のペースを守った。

インターハイから1カ月半が過ぎ、光が見えた。プリンス関東14節で鹿島学園(茨城)を2―0、15節は山梨学院を3―0で撃破。選手権県大会の決勝トーナメント開幕が1週間後に迫っていた。間に合った。

インターハイ準決勝で流通経大柏(千葉)に0―1で敗れた。以後、パスワーク重視のスタイルに切り替えた

マンマーク動じず

「レベルが違う」「パス一本つなげなかった」―。今選手権に臨んだ前橋育英は圧倒的な力で、相手の監督や主将をうならせた。準決勝で上田西（長野）を6―1とねじ伏せ、たどり着いた1年前のリベンジの舞台。相手は昨夏インターハイで敗れた流通経大柏（千葉）で、4試合を戦い無失点を続けていた。

手の内を知る同士の一戦は、高度な駆け引きが展開された。流経柏はエース封じのスペシャリスト、DF三本木達哉を大会初先発させてFW飯島陸をマーク。前線で攻撃の起点となるFW榎本樹にはU―17（17歳以下）日本代表のDF関川郁万をつけた。

予想していた育英は動じなかった。「自分が動き回ってマークを2人つけさせ、スペースをつくる」と飯島。流経柏のMF菊地泰智は「守備には自信があったが、かき回されて徐々に自分たちの"大丈夫"が消えていった」。

後半、育英は身長185センチのFW宮崎鴻を投入し、186センチの榎本とツインタワーを形成。宮崎が前線で体を張る一方、榎本はサイドやトップ下に位置を取って相手CBを分断した。2人を目掛けロングボールを蹴るだけだった夏にはなかった動きで、空いたスペースに飯島やMF田部井涼主将ら中盤の選手が走り込み、自在のパスワークを発揮。攻め込む時間が増え、榎本の決勝点につながった。

悲願の日本一に輝いた前橋育英イレブン。悔しさを忘れず取り組んできた毎日の練習が実を結んだ

不撓不屈 開花

悔しさを原動力に

失点わずか1

出場チーム最多の16得点に対し、失点わずか1という堂々の内容で花道を飾った3年生。幾多の屈辱を乗り越えてきた。最初は2016年5月、当時2年生のDF松田陸らを擁したBチームが県総体で初戦敗退。トップチームが出場した翌月のインターハイ県予選も初戦で涙をのんだ。

歴代と比べて力がないわけではないのに、出し切れないふがいなさから山田耕介監督は「史上最低」とハッパを掛けた。逆襲をテーマに掲げたチームは前回選手権で決勝まで進んだものの、青森山田に大敗。今選手権の直前に行われた高円宮杯U―18プレミアリーグ参入戦ではジュビロ磐田U―18にPK戦で敗れた。

田部井主将は「悔しい気持ちは月日がたてば薄れてしまう。このチームはその時の悔しさを持ち続けることができた」と不撓《ふとう》不屈の精神を勝因に挙げた。スタンドで観戦した前主将の大塚諒（立大）は「攻守の切り替えが早く、落ち着いてプレーしていた」と成長に舌を巻いた。自分たちのテーマでもあった「5原則」を完全にものにした後輩たちに、目を細めた。

"師弟対決" 持ち越し

決勝終了後の優勝インタビュー。1年間の道のりを尋ねられた前橋育英の山田耕介監督は、一瞬笑みを浮かべた後に左手で口元を覆った。「生徒たちがですね…一生懸命やってくれました」。1982年に同校の監督に就任してから苦節36年、名将の男泣きだった。

長崎県出身で、島原商時代は後に6度の全国優勝を果たす小嶺忠敏監督の下で主将を務めた。今大会で小嶺監督が率いる長崎総合科学大付は準々決勝で流通経大柏（千葉）に敗れ"師弟対決"は持ち越しとなった。周囲から決勝での対戦を期待する声が聞かれた一方で、「小嶺先生はいろいろなことに本気で、指導に愛情があった。まだまだ足元にも及びません」。

大学4年時の81年、教員採用試験の日程が総理大臣杯準決勝と重なり、サッカーを選択した。卒業後は日本リーグの富士通（現・川崎フロンターレ）に入る予定だったが、前橋育英高から採用の話が届いた。本県は83年に控える「あかぎ国体」に向けて各競技の強化に乗り出していた。小嶺監督の背中を追って、教師の道を選んだ。

スクールウォーズ

最初にサッカー部を訪れて驚いた。「部員は17、18人で、スクールウォーズみたいな頭。バケツにはたばこの吸い殻がいっぱいあった」。3年生に練習を1カ月以上ボイコットされ、インターハイ県予選は1年生だけで出場。1、2回戦を突破すると3年生が謝りにきた。「しっかり練習する」と約束したチームは同予選で初優勝を飾った。

就任36年目で悲願の選手権初制覇を果たした山田監督。インターハイで優勝した2009年は「内容が悪くて怒った」名将が、初めて胴上げされ宙を舞った

不撓不屈 名将

苦節36年 情熱実る

毎日、けんかばかりだった。「走れ」と言っても聞かないため競争し、ボールを使った1対1でも負けた方が罰ゲーム。全国屈指の強豪校で鍛えてきた新卒教師と、練習不足の生徒では結果が見えていた。「じゃあ柔道、相撲で勝負だ」と言われて相撲を取ったこともある。他の教師と違い、正面からぶつかってくる"山田先生"に生徒の態度も変わっていった。

5年目の86年度、MF山口素弘を擁して全国高校選手権に初出場。奈良知彦監督が指揮を執る前橋商と切磋琢磨《せっさたくま》して力をつけ、92年春にDF松田直樹が入部した。後に日本代表となった2人。「そのころから選手が集まるようになった」（山田監督）。98年度の選手権で4強入りを果たした。

それでも、あと2勝が遠かった。MF松下裕樹（現・ザスパクサツ群馬）ら5人がプロ入りして"史上最強"の呼び声も高かった99年度は準決勝で市船橋（千葉）にPK戦で敗退。2001年度は岐阜工に1―2、08年度は鹿児島城西に3―5で敗れた。5度目の挑戦となった14年度、ついに準決勝の壁を打ち破った。

日本一へのカウントダウンは２０１４年度、今の３年生が中学３年だった時の第93回選手権で始まった。前橋育英はＵ―19（19歳以下）日本代表のＭＦ鈴木徳真主将（筑波大）とＭＦ渡辺凌磨（インゴルシュタット）を中心に勝ち進み、過去４度はね返された準決勝の壁を突破。決勝で星稜（石川）と顔を合わせた。今選手権の得点王に輝いたＦＷ飯島陸は埼玉スタジアムで観戦。逆転ゴールを決めた渡辺の姿をしっかりと目に焼き付けて翌日の入学試験に臨んだ。「10番を任された２年生の時から渡辺凌磨さんを超えることを目標にやってきた」。テレビで見ていたＭＦ五十嵐理人も「こういうチームで日本一を目指したい」と育英に進学を決めた。

築いてきた歴史

前回選手権後、山田耕介監督は「周りからいつも勝負弱いと言われる。甘いところがあるんですかね」と話した。一方、「失敗は一つ一つ取り除いていけばいい。これまで何度も準決勝の舞台に立ったことが、きょう決勝の場にいたことが財産になる」とも。名将と先輩たちが築いてきた歴史の上に全国制覇があった。激闘から２日後、連覇に向けて新チームが始動した。戦後に連覇を達成したのは計７校で、２０００年度、01年度の国見（長崎）以降はない。新

連覇に向けて始動した新チーム。秋山（左）、高橋尚（中央）らが中心となって先輩超えを目指す

不撓不屈 出発

先輩超える連覇へ

チームについて山田監督は「それなりの力はある」と評する。昨年末に１、２年生で臨んだ横山杯全国ユース招待大会は決勝で強豪の市船橋（千葉）に競り勝った。３年生は前回選手権決勝のピッチに立った７人を中心に０―５の屈辱を忘れず、頂点に上り詰めた。今選手権の登録メンバーに２年生は７人いるが、決勝に出場したのはＦＷ榎本樹のみ。飯島と同じクマガヤＳＳＣ出身のＦＷ高橋尚紀は「来年必ず戻ってくる」と唇をかんだ。日本一の喜び以上に胸に刻んだ、出場できなかった悔しさが新たな原動力になる。

尊敬する背中

榎本は中学２年時に育英―星稜の決勝を埼玉スタジアムで観戦して入学。攻撃センスが高いＭＦ秋山裕紀はＭＦ田部井涼主将と同じ前橋ＦＣ、果敢なオーバーラップが魅力のＤＦ若月輝はＤＦ渡辺泰基と同じアルビレックス新潟Ｕ―15出身で、それぞれ「尊敬する先輩」の背中を追ってきた。毎年４月に開幕する高円宮杯Ｕ―18プリンスリーグ関東では県内のライバル、桐生第一とも対戦することになる。榎本は「３年生のように全員が一体となり、５原則を突き詰めた上で個性を出していければ」。日本一のチームに追い付くのではなく、超えるための挑戦が始まった。